Serie · Ciclos · de vida

El ciclo de vida del

TIBURÓN

John Crossingham y Bobbie Kalman

Crabtree Publishing Company
www.crabtreebooks.com

Serie Ciclos de vida
Un libro de Bobbie Kalman

Dedicado por Samantha Crabtree
A Gage y Chase, a quienes les deseo toda una vida llena de fantásticas aventuras

Editora en jefe
Bobbie Kalman

Equipo de redacción
John Crossingham
Bobbie Kalman

Editora de contenido
Kathryn Smithyman

Editora de proyecto
Molly Aloian

Editoras
Kelley MacAulay
Reagan Miller

Diseño
Margaret Amy Salter
Samantha Crabtree (portada)

Coordinación de producción
Heather Fitzpatrick

Investigación fotográfica
Crystal Foxton

Consultora
Patricia Loesche, Ph.D., Programa sobre el comportamiento de animales, Departamento de Psicología, University of Washington

Consultor lingüístico
Dr. Carlos García, M.D., Maestro bilingüe de Ciencias, Estudios Sociales y Matemáticas

Ilustraciones
Barbara Bedell: contraportada, páginas 6, 7, 9 (derecha), 10, 11 (parte superior), 15
Bonna Rouse: páginas 11 (partes inferior izquierda y derecha), 13, 14
Margaret Amy Salter: página 9 (izquierda)

Fotografías
iStockphoto.com: Paul Johnson: páginas 18-19
©Francis Abbott/naturepl.com: página 12
Jeff Rotman/Photo Researchers, Inc.: página 28
SeaPics.com: ©Mark Conlin: página 20; ©Howard Hall: página 22;
    ©Jeff Jaskolski: páginas 26-27; ©Scott Michael: página 21;
    ©Doug Perrine: páginas 9, 15, 23; ©Andre Seale: página 16;
    ©Jeremy Stafford-Deitsch: página 17; ©Ron & Valerie Taylor: página 29;
    ©Masa Ushioda: página 24
Otras imágenes de Corel y Digital Stock

Traducción
Servicios de traducción al español y de composición de textos suministrados por translations.com

Library and Archives Canada Cataloguing in Publication

Crossingham, John, 1974-
    El ciclo de vida del tiburón / John Crossingham y Bobbie Kalman.
(Serie ciclos de vida)
Includes index.
Translation of: The Life Cycle of a Shark.
ISBN 978-0-7787-8673-3 (bound)
ISBN 978-0-7787-8719-8 (pbk.)
    1. Sharks--Life cycles--Juvenile literature. I. Kalman, Bobbie, 1947-
II. Title. III. Series.

QL638.9.C7618 2007   j597.3   C2007-900440-7

Library of Congress Cataloging-in-Publication Data

Crossingham, John, 1974-
    [Life Cycle of a Shark. Spanish]
    El ciclo de vida del tiburón / John Crossingham y Bobbie Kalman.
        p. cm. -- (Serie ciclos de vida)
    Includes index.
    ISBN-13: 978-0-7787-8673-3 (rlb)
    ISBN-10: 0-7787-8673-0 (rlb)
    ISBN-13: 978-0-7787-8719-8 (pb)
    ISBN-10: 0-7787-8719-2 (pb)
    1. Sharks--Life cycles--Juvenile literature. I. Kalman, Bobbie. II.
Title. III. Series.
    QL638.9.C76718 2007
    597.3--dc22

                                                      2007002108

Crabtree Publishing Company

www.crabtreebooks.com   1-800-387-7650

Publicado en Canadá
Crabtree Publishing
616 Welland Ave.
St. Catharines, ON
L2M 5V6

Publicado en los Estados Unidos
Crabtree Publishing
PMB16A
350 Fifth Ave., Suite 3308
New York, NY 10118

Publicado en el Reino Unido
Crabtree Publishing
White Cross Mills
High Town, Lancaster
LA1 4XS

Publicado en Australia
Crabtree Publishing
386 Mt. Alexander Rd.
Ascot Vale (Melbourne)
VIC 3032

Contenido

¿Qué son los tiburones?

Los tiburones son peces. Al igual que todos los peces, viven en el agua. Los tiburones tienen partes del cuerpo llamadas **branquias** para respirar bajo el agua. Son animales **de sangre fría**. La temperatura corporal de estos animales cambia con la temperatura del ambiente que los rodea.

Peces cartilaginosos

Los tiburones son **vertebrados** o animales que tienen columna vertebral. Sin embargo, sus huesos no son duros. Son peces **cartilaginosos**. Su esqueleto está hecho de **cartílago**. El cartílago es un material fuerte pero **flexible** que se puede doblar; es más liviano que el hueso. Debido a su esqueleto flexible los tiburones nadan rápidamente.

Los tiburones han vivido en la Tierra durante millones de años. Los primeros tiburones existieron antes que los dinosaurios. Este es un gran tiburón blanco.

Agua salada

Los tiburones viven en los océanos, los cuales contienen agua salada. La mayoría de los tiburones necesitan agua salada para sobrevivir. Sólo algunas **especies** o tipos de tiburones pueden estar en agua dulce. El agua dulce no contiene sal. El tiburón toro puede estar en agua dulce, pero sólo durante poco tiempo. Luego debe volver al agua salada.

*Muchos tiburones, como este tiburón gris, viven en **arrecifes de coral**. Los arrecifes de coral son grandes estructuras que parecen rocas y que se encuentran en las aguas poco profundas de los **océanos tropicales**.*

Hogares en el océano

Los tiburones viven en todos los océanos del mundo, excepto quizás en las aguas más frías del océano Antártico, cerca de la Antártida. Hay algunas especies en **océanos polares**, otras en **océanos templados** y otras en océanos tropicales cálidos. Ciertos tiburones sólo viven en partes poco profundas de los océanos. Otros viven sólo en aguas profundas. Algunos nadan entre aguas profundas y aguas superficiales.

Este tiburón nodriza vive cerca del fondo de los océanos tropicales. Algunos tiburones nodriza viven en aguas de hasta 70 pies (21 m) de profundidad.

¡Tantos tiburones!

Hay unas 450 especies conocidas de tiburones. El cuerpo de todos los tiburones tiene las mismas partes pero cada especie tiene un aspecto diferente. Algunos como el tiburón ballena, son grandes. Otros como el cazón espinoso, son pequeños.

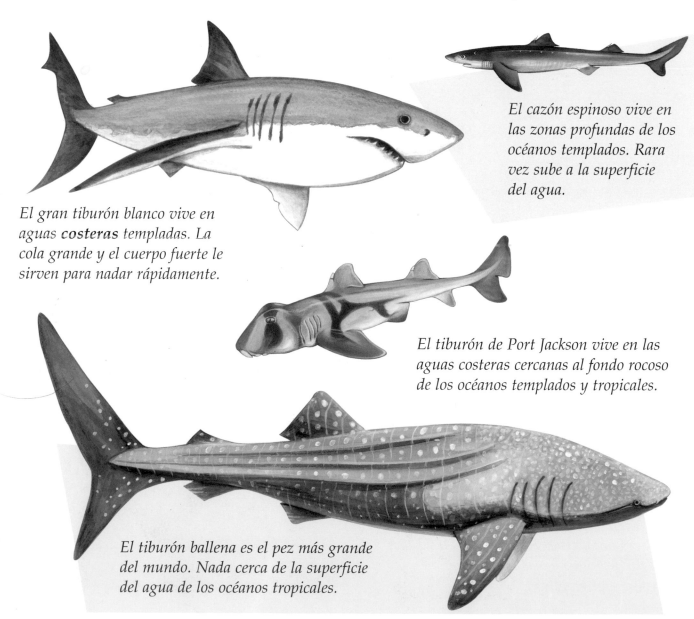

El cazón espinoso vive en las zonas profundas de los océanos templados. Rara vez sube a la superficie del agua.

El gran tiburón blanco vive en aguas **costeras** templadas. La cola grande y el cuerpo fuerte le sirven para nadar rápidamente.

El tiburón de Port Jackson vive en las aguas costeras cercanas al fondo rocoso de los océanos templados y tropicales.

El tiburón ballena es el pez más grande del mundo. Nada cerca de la superficie del agua de los océanos tropicales.

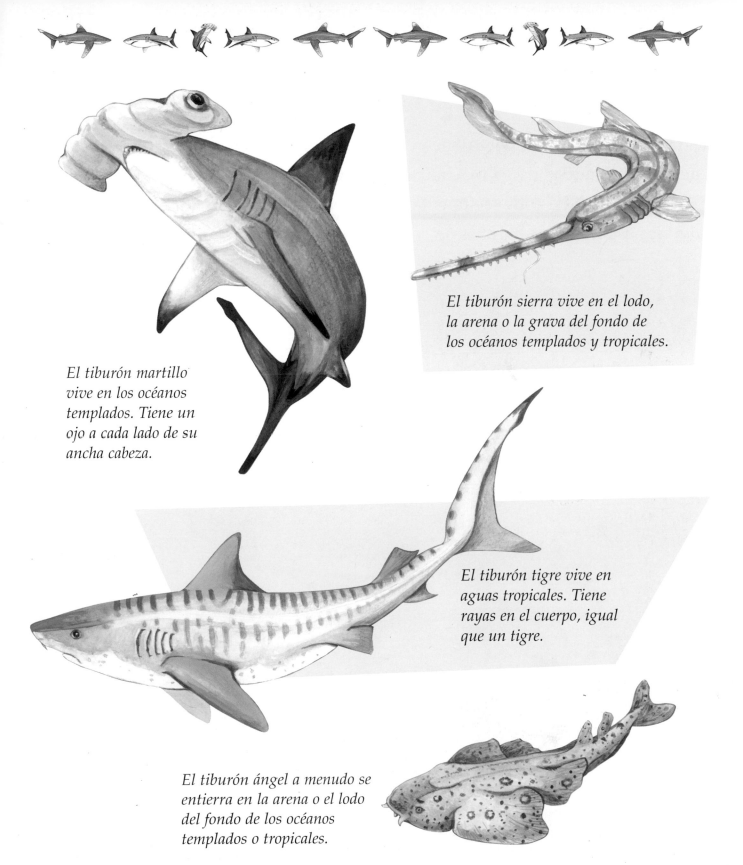

El tiburón martillo vive en los océanos templados. Tiene un ojo a cada lado de su ancha cabeza.

El tiburón sierra vive en el lodo, la arena o la grava del fondo de los océanos templados y tropicales.

El tiburón tigre vive en aguas tropicales. Tiene rayas en el cuerpo, igual que un tigre.

El tiburón ángel a menudo se entierra en la arena o el lodo del fondo de los océanos templados o tropicales.

El cuerpo del tiburón

La mayoría de los tiburones tienen cuerpo **estilizado** y alargado. Gracias a eso pueden nadar muy fácilmente. Algunas especies de tiburones se llaman **tiburones de fondo**. Nadan en el fondo de los océanos y a menudo descansan allí. La mayoría tiene cuerpo ancho y aplanado.

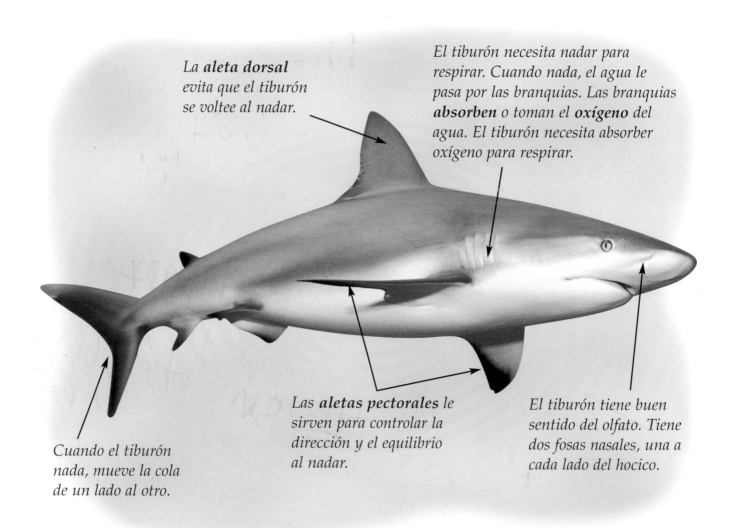

La **aleta dorsal** evita que el tiburón se voltee al nadar.

El tiburón necesita nadar para respirar. Cuando nada, el agua le pasa por las branquias. Las branquias **absorben** o toman el **oxígeno** del agua. El tiburón necesita absorber oxígeno para respirar.

Cuando el tiburón nada, mueve la cola de un lado al otro.

Las **aletas pectorales** le sirven para controlar la dirección y el equilibrio al nadar.

El tiburón tiene buen sentido del olfato. Tiene dos fosas nasales, una a cada lado del hocico.

Livianos en el agua

Los tiburones tienen dentro del cuerpo un **órgano** llamado **hígado**. La mayoría de los tiburones tienen un hígado grande lleno de aceite. Este aceite es más liviano que el agua del océano. Al tener el hígado lleno de aceite, el tiburón nada muy fácilmente.

Sensible al movimiento

El tiburón tiene en la cara cientos de pequeños **poros** o agujeros llenos de una sustancia gelatinosa. Estos poros se llaman **ampollas de Lorenzini** y le sirven al tiburón para sentir hasta el más mínimo movimiento en el agua. Por ejemplo, un tiburón puede sentir los movimientos de un pez aunque el pez esté enterrado en la arena.

Piel de lija

La piel de los tiburones está cubierta por ásperos **dentículos** que parecen dientes o escamas de serpientes. Los dentículos están unidos unos con otros y forman una capa protectora en la piel del tiburón. Están cubiertos por un **esmalte** duro, del mismo material que te cubre los dientes.

Cuando los dentículos de un tiburón envejecen, se caen. Otros dentículos nuevos salen para reemplazar a los antiguos.

¿Qué es un ciclo de vida?

Los tiburones que viven en los océanos tropicales alejados de la tierra, como este tiburón mako, crecen más rápidamente que los tiburones de aguas más frías.

Todos los animales pasan por un **ciclo de vida**. El ciclo de vida está formado por **etapas** o cambios por los que el animal atraviesa. Primero nace o sale de un huevo. Luego crece y cambia hasta que **madura** o se hace adulto. Cuando es adulto, el animal puede **aparearse** o unirse a otro para tener crías.

Período de vida

El **período de vida** de un animal no es igual a su ciclo de vida. El período de vida es el tiempo en que un animal está vivo. Cada tipo de tiburón tiene un período de vida diferente.

Por lo general, los tiburones grandes tienen un período de vida más largo que los tiburones pequeños. La mayoría de los tiburones, como el gran tiburón blanco, viven unos 25 años. El tiburón ballena llega a vivir hasta los 70 años.

El ciclo de vida del tiburón

La mayoría de los tiburones comienzan el ciclo de vida dentro de un huevo. Dentro de cada huevo crece un **embrión** o cría en desarrollo. La hembra guarda los huevos dentro del cuerpo. Puede cargar entre dos y catorce huevos a la vez. Cuando los embriones están listos, salen del huevo dentro de la madre. Después, **emergen** o salen del cuerpo de la madre. Los tiburones recién nacidos se llaman **crías**. Tienen el mismo aspecto del adulto en tamaño pequeño. Las crías crecen lentamente hasta llegar a la etapa **juvenil**. Llegan a la edad adulta entre los ocho y los doce años de edad. Los tiburones adultos pueden tener sus propias crías.

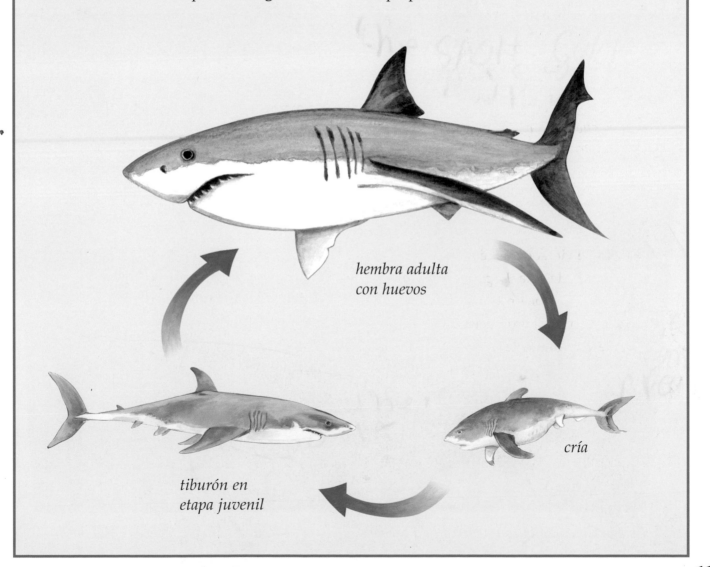

hembra adulta con huevos

cría

tiburón en etapa juvenil

Crecer adentro

Una hembra **preñada** tiene embriones que le están creciendo dentro del cuerpo. Los embriones están seguros allí. El cuerpo de la hembra tiene la temperatura perfecta para que crezcan. La mayoría de las hembras de tiburón duran preñadas unos doce meses.

Este hembra de tiburón nodriza está preñada. Llevará los embriones en el cuerpo entre once y doce meses.

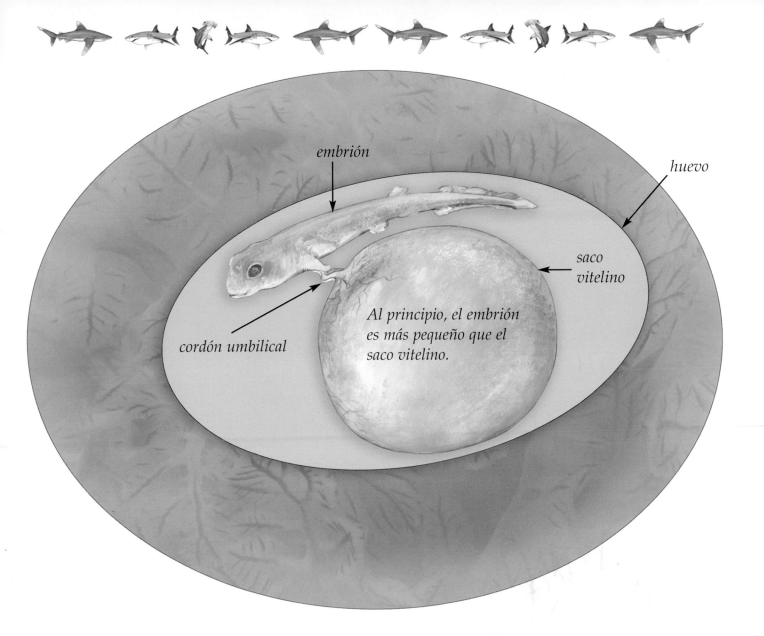

embrión

huevo

saco vitelino

cordón umbilical

Al principio, el embrión es más pequeño que el saco vitelino.

Dentro del huevo

Cada embrión crece dentro de un huevo. El huevo le da alimento, refugio y oxígeno al embrión en crecimiento El oxígeno del cuerpo de la madre entra y sale del huevo para que el embrión pueda respirar. La parte del cuerpo de la madre que guarda los huevos se llama **oviducto**. Un gran **saco vitelino** está unido al embrión a través del **cordón umbilical**. El saco vitelino contiene alimento para el embrión. Cuando el embrión crece, le salen dentículos en la piel y su cuerpo aumenta de tamaño.

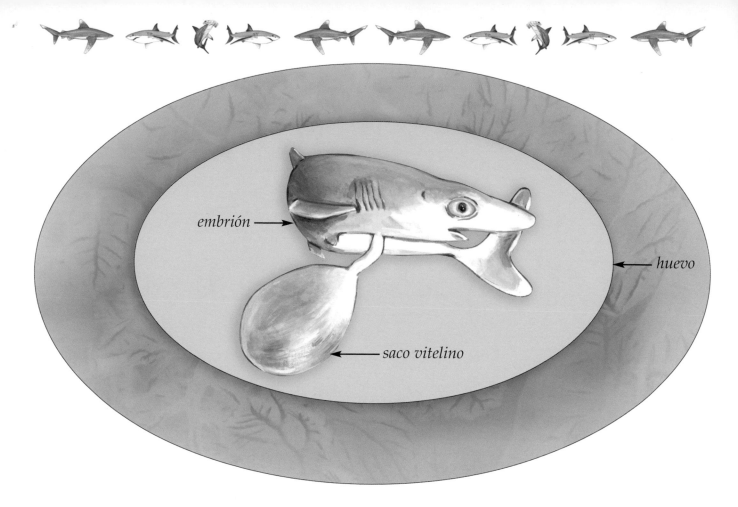

embrión

huevo

saco vitelino

¡A salir del huevo!

En poco tiempo, el embrión en crecimiento se vuelve más grande que el saco vitelino. Finalmente, llega a ser demasiado grande para el huevo. Se ha comido todo el alimento del saco vitelino y ahora está listo para salir. El embrión se retuerce para romper el huevo y salir de él. Usa los dentículos para agarrarse de los costados del huevo y poder salir.

¡A la colonia de cría!

La madre puede sentir cuando las crías han salido del huevo dentro de su cuerpo y están listas para emerger. En ese momento nada hacia aguas cálidas y poco profundas que tengan muchos arrecifes de coral y zonas rocosas. El lugar donde un tiburón hembra da a luz se llama **colonia de cría**.

La cola primero

Las crías salen del cuerpo de la madre y pasan al agua poco después de haber salido del huevo. Al salir del cuerpo de la madre, la mayoría sale de cola, pero algunas salen de cabeza.

Plegadas

En algunas especies como el tiburón martillo o el tiburón sierra, las crías tienen púas o dientes sobresalientes o tienen una cabeza de forma irregular. Cuando las crías emergen, estas partes del cuerpo están plegadas para facilitar la salida del cuerpo de la madre.

Una cría recién nacida sale al océano retorciéndose hasta que el cordón umbilical se cae.
Este tiburón tigre recién nacido acaba de liberarse de su cordón umbilical.

Tiburones jóvenes

La madre no cuida a sus crías después de que nacen. Al nacer, las crías saben cómo cazar para comer y cómo esconderse de los **depredadores**. Los depredadores son animales que cazan otros animales para alimentarse. Los animales que los depredadores cazan son la **presa**. Las crías recién nacidas son presa de los tiburones adultos y de otros animales, pero están bastante seguras en las colonias de cría. Para lograrlo, se ocultan entre plantas y rocas. Cazan camarones, peces pequeños y cangrejos.

Esta cría de tiburón martillo está buscando su primera comida. En esta colonia de cría hay mucho alimento.

Lentas para crecer

Aunque comen mucho, las crías de tiburón crecen mucho más lentamente que otros peces. Todos los tiburones demoran muchos años en madurar, pero los tiburones pequeños crecen más rápidamente que los grandes. Cuando son jóvenes, las crías de tiburón están siempre en peligro de que los depredadores se las coman.

Adiós a la colonia de cría

Las crías de tiburón crecen hasta llegar a la etapa juvenil. Cuando tienen cuatro o cinco años de edad se van a aguas más profundas. Allí se alimentan de presas grandes, como calamares y peces de mayor tamaño. Muchas nadan en grupos pequeños para protegerse de depredadores como tiburones adultos, delfines y barracudas.

Este tiburón leopardo en etapa juvenil llegará a ser mucho más grande y fuerte antes de convertirse en adulto.

Vida adulta

Los tiburones adultos tienen dientes gruesos y largos, y dentículos anchos y fuertes. Son lo suficientemente grandes y fuertes para poder matar y comer presas grandes. Los tiburones siguen creciendo toda la vida. Su cuerpo nunca deja de crecer.

A salvo del peligro

Los tiburones adultos también son lo suficientemente grandes y fuertes para protegerse de que se los coman. De hecho, los tiburones inmensos como el gran tiburón blanco, el tiburón toro y el tiburón tigre, son depredadores **superiores**. No tienen depredadores porque son tan grandes y poderosos que otros animales no los pueden matar. Los tiburones adultos son **solitarios**; viven solos. No necesitan que otros tiburones los protejan ni que los ayuden a encontrar alimento.

Cuando llega el momento de aparearse, los tiburones macho y hembra de la misma especie se encuentran. Las hembras liberan en el agua unas sustancias químicas llamadas **feromonas**. Los machos pueden oler las feromonas desde lejos y siguen el olor hasta encontrar a las hembras. A menudo varios machos nadan hacia la misma hembra. Los machos que quieren aparearse con una hembra usan los dientes para agarrarla por las aletas o por el lomo. Las hembras tienen piel gruesa que las protege de estas mordidas, pero pueden quedar con lesiones o cicatrices. Finalmente, la hembra se aparea con el macho más fuerte.

20

Hora de aparearse

El tiburón macho tiene dos **órganos reproductores** que están unidos a cada una de sus aletas pélvicas. Con estos órganos, el macho pone **esperma** dentro del cuerpo de la hembra. El esperma es un líquido que **fecunda** los huevos que están dentro de la hembra. Los huevos fertilizados tendrán embriones en crecimiento.

Las especies de tiburones pequeños como estos bamboa ocelada, son muy flexibles. El macho puede envolver con toda su cola a la hembra mientras se aparean.

Huevos en espiral

*Esta cápsula de un huevo de suño cornudo
tiene bordes que lu anclan al fondo del océano.*

Algunas especies de tiburones tienen un ciclo de vida un poco diferente del que se describe en las páginas 12 a 15. La hembra de algunas especies como el suño cornudo y el tiburón globo, no lleva los huevos en el cuerpo sino que los pone en el fondo del océano. Cada hembra pone unos veinte huevos en un lugar seguro.

Huevos anclados

Los huevos de tiburón que se ponen en el fondo del océano a menudo tienen una **cápsula** con bordes en forma de espiral o brazos rígidos llamados **zarcillos**. La forma de los huevos les sirve para anclarse en el fondo del océano Si no estuvieran anclados, podrían moverse hacia zonas más profundas y frías del océano. Las temperaturas frías podrían perjudicar a los embriones que están dentro de los huevos. También sería más fácil que los depredadores vieran los huevos si éstos estuvieran en movimiento.

Crías sin huevos

Algunas especies como el tiburón martillo, el tiburón toro y el tiburón limón, no salen de huevos. Los embriones de estos tiburones crecen directamente dentro del cuerpo de la madre. Cada embrión tiene una **placenta de saco vitelino** que está unida al cuerpo de la hembra con un cordón umbilical. Esta placenta le da al embrión todos los **nutrientes** que necesita para crecer.

Nacer

Los embriones crecen dentro del cuerpo de la madre durante aproximadamente un año. Cuando terminan de crecer, **nacen**. Los animales que nacen no están dentro de huevos cuando salen del cuerpo de la madre. La hembra de tiburón no alimenta a sus crías después de que éstas nacen. Las crías deben sobrevivir sin ayuda, igual que otras crías de tiburones.

A la caza

Cada especie de tiburón come distintos alimentos según su tamaño y forma de cazar. Los tiburones que pueden nadar rápidamente cazan presas veloces, como delfines. Algunos tiburones persiguen la presa y luego la muerden para matarla. Otros tiburones que nadan rápidamente usan la cola para golpear a la presa y matarla antes de comérsela.

La vida en el fondo

La mayoría de los tiburones de fondo, como los tiburones nodriza, cazan cangrejos, langostas, calamares y peces que también nadan en el fondo del océano. Muchos tiburones de fondo simplemente esperan en el fondo del océano a que los peces pequeños y otras presas pasen nadando.

Este tiburón nodriza usó sus afilados dientes para atrapar un pez que nadaba en el fondo del océano.

Comida rápida

Los tiburones a menudo cazan presas heridas, viejas o moribundas. Estos animales son fáciles de atrapar porque no pueden resistirse ni huir nadando. Un tiburón puede oír el chapoteo desesperado de un animal herido desde varias millas de distancia. También puede oler la sangre de un pez herido desde muy lejos y nadar directamente hacia él. Muchos tiburones como el tiburón tigre y el tiburón azul, también comen **carroña** o animales muertos.

Gigantes "sin dientes"

El tiburón peregrino y el tiburón ballena tienen dientes, pero no los necesitan. Estos tiburones son **filtradores**. Para conseguir alimento nadan con la enorme boca bien abierta y van **filtrando** o colando del agua camarones, peces pequeños y **plancton**.

Este tiburón ballena filtra su comida del agua mientras nada.

En equilibrio

Los tiburones ayudan a mantener limpios los océanos al comerse a los animales enfermos, heridos y muertos. También se comen a otros depredadores como focas, peces grandes y pulpos. Al comerse a estos animales ayudan a mantener el equilibrio entre las **poblaciones** de depredadores y presas del océano.

Control de la población

Al cazar todo tipo de peces, pulpos y focas, los tiburones evitan que las poblaciones de estos animales crezcan demasiado. Por ejemplo, si no hubiera tiburones, pronto habría demasiados peces de otras clases. Estos peces podrían comenzar a comerse a demasiados animales de otra especie, de modo que la población de esos animales podría disminuir o incluso desaparecer. El resultado podría ser un desequilibrio entre las poblaciones de depredadores y presas. Nadie sabe exactamente qué les podría ocurrir a las poblaciones de otros animales si no hubiera tiburones en los océanos.

Peligros

Muchas personas les tienen miedo a los tiburones, pero los seres humanos son más peligrosos para los tiburones que los tiburones para los seres humanos. Incluso los grandes depredadores superiores, como los tiburones toro y los grandes tiburones blancos, corren peligro. Algunas personas cazan tiburones por deporte o para obtener la carne o ciertas partes del cuerpo. Otras personas **sobrepescan** en el océano. Además, muchos tiburones resultan afectados por la contaminación.

La sopa del día

La sopa de aleta de tiburón es una comida costosa y popular en algunas partes del mundo. Por eso, muchos tiburones se cazan sólo para quitarles las aletas. Los pescadores atrapan los tiburones, les cortan las aletas y luego los arrojan indefensos al agua. Sin aletas los tiburones no pueden nadar. Rápidamente se hunden, llegan al fondo del océano y mueren.

Este tiburón martillo no tiene aletas porque un pescador se las cortó.

28

¿Dónde está la comida?

A muchas personas les gusta comer peces como bacalao, atún, halibut y trucha. Estos peces también son presa de muchas especies de tiburones. Cuando hay sobrepesca de atún o halibut, los tiburones se quedan sin suficiente alimento. Por eso muchos tiburones mueren de hambre.

Basura en el agua

La contaminación enferma o mata a muchos de los animales que los tiburones necesitan para comer. Aunque en general los tiburones no sufren las mismas enfermedades, se quedan sin suficiente alimento si muchas de sus presas mueren.

Algunos tiburones mueren cuando quedan enredados en redes con las que se intentaba atrapar a otros peces.

¡Salvemos a los tiburones!

Los tiburones grandes como el tiburón limón y el gran tiburón blanco, se encuentran **en peligro de extinción**. Estos animales corren el riesgo de desaparecer de la Tierra para siempre. Los tiburones necesitan que los ayudemos a sobrevivir.

Cómo proteger a los tiburones

Muchos gobiernos han aprobado leyes que protegen las poblaciones de tiburones de la sobrepesca. Algunos países han creado **parques marinos** o zonas protegidas en el océano. En estas zonas protegidas toda la vida marina silvestre está a salvo. Algunas organizaciones como la **WWF** (*World Wildlife Fund*), trabajan para reunir dinero y divulgar información sobre cómo proteger a los tiburones.

Tenemos que ayudar a salvar al gran tiburón blanco, para que no desaparezca.

El estudio de los tiburones

Para aprender más sobre el comportamiento de los tiburones, algunos científicos les ponen **dispositivos de seguimiento**. Cada dispositivo tiene un pequeño **transmisor** y se pone debajo de una aleta dorsal del tiburón. El transmisor les envía a los científicos mensajes con información sobre las rutas que los tiburones siguen para ir de un lugar a otro y sobre cuánta distancia pueden nadar. Los científicos usan esta información para saber hacia dónde nadan los tiburones cuando están listos para aparearse.

Antes de empezar a estudiar a los tiburones en el agua, los científicos deben saber cómo protegerse y cómo evitar que los tiburones los ataquen.

Aprender más

El mayor problema de los tiburones es que las personas todavía les tienen miedo. Hay más de 400 especies de tiburones, de las cuales sólo 20 son una amenaza para los seres humanos. Muchas personas creen que si no hubiera tiburones el mundo sería más seguro, pero los tiburones son importantes para la vida en el océano. Piérdeles el miedo averiguando todo lo que puedas sobre ellos. Puedes aprender más leyendo libros, visitando sitios de Internet y viendo videos sobre los tiburones.

Glosario

Nota: Es posible que las palabras en negrita que están definidas en el texto no figuren en el glosario.

branquias (las) Partes del cuerpo que los peces usan para respirar bajo el agua

cordón umbilical (el) Cordón que une al embrión con su saco vitelino; el alimento y los nutrientes pasan por el cordón umbilical para llegar al embrión

costera Agua del océano cercana a tierra

feromonas (las) Sustancias químicas que un animal libera para atraer a otros animales de la misma especie

hígado (el) Órgano que ayuda a descomponer los alimentos y a eliminar los desechos del cuerpo

nutrientes (los) Sustancias que los seres vivos obtienen del alimento y que necesitan para crecer y estar sanos

océano polar (el) Océano de aguas frías que queda en el Polo Norte o el Polo Sur

océano templado (el) Océano que queda en un lugar del mundo en el que hay varios cambios estacionales

océano tropical (el) Océano cálido que queda en el ecuador o cerca de él

órgano (el) Parte del cuerpo como el corazón o el hígado, que cumple una función importante

oxígeno (el) Gas del aire y del agua que los animales deben respirar para sobrevivir

plancton (el) Plantas y animales diminutos que viven en el agua

población (la) Número total de individuos de una especie de animal en una zona

sobrepescar Sacar de los océanos demasiados animales de una misma especie

Índice

Impreso en Canadá